まちごとチャイナ
北京 002

故宮（天安門広場）
中華4000年の「至宝」
［モノクロノートブック版］

毛沢東の肖像が飾られた天安門の奥で、壮大なたたずまいを見せている故宮。ここはかつて紫禁城と呼ばれ、紅い城壁で囲まれた城内では、皇帝にのみ許された黄色の瑠璃瓦を載せた宮殿が波打つように続いていく。明清時代(15～20世紀)の500年にわたって中国の皇帝がここに君臨し、その居城としていた。

　故宮では、正門である午門から太和門、太和殿、保和殿、乾清宮と主要な建物が軸線上にならび、それは神武門、景山へと続いて北京の中心軸となっている。皇帝の玉座がおか

れた太和殿が「世界の中心」だと考えられ、故宮を中心にして北京の街は構成されている。

　この皇帝の城は北京に都がおかれた明の永楽帝時代(1420年)に完成し、火災や戦乱による破壊をこうむりながらいくども再建されてきた。20世紀初頭、清朝が滅亡し、皇帝による封建社会が終わりを告げると、紫禁城は「故宮(かっての宮城)」と呼ばれるようになった。明清時代の美しい姿を今に伝え、博物館として公開されている。

Asia City Guide Production
Beijing 002

Gugong
故宮／gù gōng／グウゴォン

|まちごとチャイナ｜北京 002｜

故宮
天安門広場

中華4000年の「至宝」

「アジア城市（まち）案内」制作委員会
まちごとパブリッシング

まちごとチャイナ
北京 002
故宮(天安門広場)

Contents

故宮(天安門広場) ... 007

皇帝と栄光の紫禁城 ... 015

天安門広場鑑賞案内 ... 021

外朝鑑賞案内 ... 033

外朝両翼鑑賞案内 ... 041

内廷三宮鑑賞案内 ... 051

故宮から見る中国 ... 065

内東路鑑賞案内 ... 079

外東路鑑賞案内 ... 085

内西路鑑賞案内 ... 097

太廟鑑賞案内 ... 109

社稷壇鑑賞案内 ... 117

最後の中国皇帝その生活 ... 123

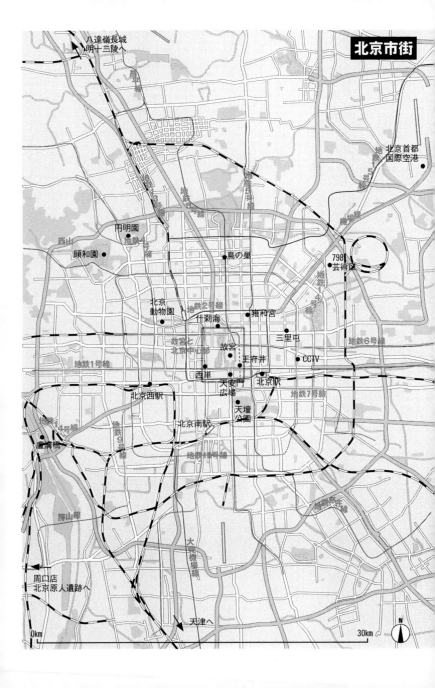

故宮(天安門広場)／中華4000年の「至宝」

★★★
天安門広場／天安门广场 tiān ān mén guǎng chǎng ティエンアンメンガンチャン
天安門／天安门 tiān ān mén ティエンアンメン
午門／午门 wǔ mén ウーメン
太和殿／太和殿 tài hé diàn タイハァディエン

★★☆
国家大劇院／国家大剧院 guó jiā dà jù yuàn グゥオジャアダァジュウユェン
景山／景山 jǐng shān ジンシャン
労働人民文化宮(太廟)／劳动人民文化宫 láo dòng rén mín wén huà gōng ラオドンレンミンウェンファゴン
中山公園(社稷壇)／中山公园 zhōng shān gōng yuán チョンシャンゴンユェン

★☆☆
中国国家博物館／中国国家博物馆 zhōng guó guó jiā bó wù guǎn チョングゥオグゥオジャアボウグァン
人民大会堂／人民大会堂 rén mín dà huì táng レンミンダァフゥイタン

Introduction
皇帝と栄光の紫禁城

この世界に君臨する皇帝が居城とした故宮
壮大な空間と華麗な意匠で彩られ
かつて紫禁城の名前で呼ばれていた

地上に体現された王城

　天に輝く不動の北極星とその周囲をまわる170ほどの星座。中国ではこの北極星を皇帝、星座を皇帝に仕える臣下にたとえ、そこは「宇宙の中心」の紫微垣と呼ばれ、天帝の宮城があると考えられてきた。これを地上に再現したものが紫禁城で、「紫宮」と一般人が立ち入れない「禁地」からその名前がつけられた。紫禁城は皇帝とその一族、女官や宦官、また科挙に合格した官吏などごく一部の人間しか立ち入ることができない聖域とされ、紫禁城の周囲には皇族が暮らした皇城、清代、満州族の旗人が暮らす内城（現在の地鉄2号線内部）がおかれていた。

故宮、その空間

　周囲を城壁と護城河に囲まれた故宮は南北960m、東西750mの敷地をもち、その総面積は72万㎡になる。正門にあたる午門から北の神武門にいたるまで中央軸に太和殿や乾清宮などの主要宮殿が一列にならび、その両脇にそれに準ずる宮殿が配置されている。南半分は皇帝が朝賀を受け、公的な儀式などを行なう「外朝」、北半分は皇帝が日常の政務をとり、皇后、女官たちと生活する私的な場「内廷」となって

いた。故宮自体が左右対称で構成されるほか、中軸線上の三大殿(前三殿)と三大宮(後三宮)は、皇帝と皇后、外と内、男と女というようにあざやかな対比を見せている。

龍・極数・黄色

　故宮には9999半の部屋があると言われ、これは1万の部屋からなる天宮に半だけおよばないことを意味するのだという(実際の部屋数は8707だとされる)。中国では極数9は皇帝を意味する最高の数字とされ、故宮の軸線上にある扉には縦横9列の金色のかざりくぎが見られる(皆朱扉金釘)。また黄色の瑠璃瓦は皇帝にのみ許されたもので、ほかにも雲龍は皇帝だけが使える意匠で、皇帝の服には正面を向いた5本爪(通常は4本)の龍が刺繍される。また朕、制、詔といった言葉は皇帝のみが使用を許されていた。

現在は故宮博物院として開放されている

故宮北側に立つ景山からの眺め

宮殿がいくつも続く、ここに皇族の暮らしがあった

明の永楽帝、北京に遷都し紫禁城を築いた

Tian An Men Guang Chang
天安門広場鑑賞案内

**中華人民共和国の顔とも言える天安門広場
新中国の建国、文革、天安門事件など
この広場はさまざまな歴史の場面を見てきた**

天安門広場／天安门广场 ★★★
tiān ān mén guǎng chǎng
てんあんもんひろば／ティエンアンメンガンチャン

　東西500m南北880mの規模をもつことから、世界最大の広場と言われる天安門広場。1949年の中華人民共和国成立にあたって整備され（周囲をめぐらせていた紅☒と中華門、長安左門と長安右門が撤去された）、北には毛沢東の肖像画がかかげられた天安門が見える。建国式典がここで行なわれたほか、歴史的に五四運動や文化大革命、天安門事件など民衆運動の場所にもなってきた。毎朝、国旗掲揚式が行なわれ、日没時には国旗降納式が見られる。

毛主席紀念堂／毛主席纪念堂 ★★☆
yán shì kǒumáo zhǔ xí jī niàn táng
もうしゅせききねんどう／マオチュゥシィジィニェンタン

　1949年以来、最高指導者として中華人民共和国をひきいた毛沢東。天安門広場の中央に位置する毛主席紀念堂は、その死の1年後に建てられたもので、なかには毛沢東の遺体が安置されている。玄関に高さ3mの毛沢東の坐像が見られ、建物の中心となる瞻仰大庁に下半身を五星紅旗で覆われた、毛沢東が眠る水晶の棺がある。

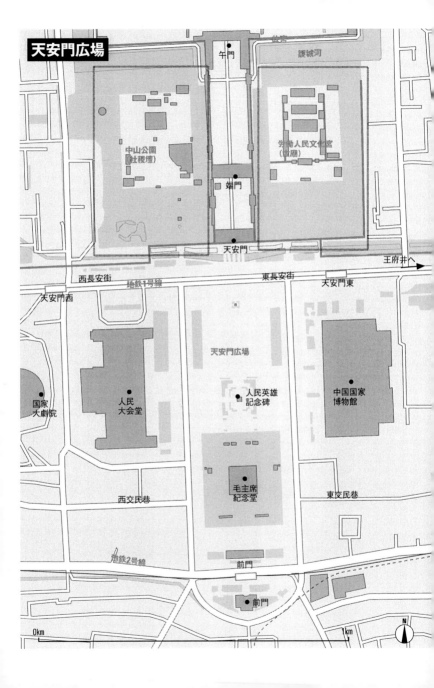

毛沢東とは

　清朝末期の1893年に湖南省に生まれた毛沢東。混迷をきわめる中国にあって、北京大学の図書館で司書をしながらマルクス主義に接近し、その思想を発展させていった。中国共産党の第1回大会に出席するなど立場を高め、長征(戦闘を続けながら陝西省北部の延安までの1万2500kmを移動)、日本との戦争、国共内戦をへて、1949年10月1日、天安門にて中華人民共和国の成立を高らかに宣言した。「革命は銃口から生まれる」「農村から都市をとる」「東風が西風を制す」といった毛沢東の言葉が知られ、1976年に死去するまで影響力を発揮し続けた。皇帝を頂点とする封建社会が2000年続いた中国にあって、毛沢東は新たな社会(新中国)を建国した人物と位置づけられている。

★★★
天安門広場／天安门广场 tiān ān mén guǎng chǎng ティエンアンメンガンチャン
天安門／天安门 tiān ān ménティエンアンメン
午門／午门 wǔ ménウーメン

★★☆
毛主席紀念堂／毛主席纪念堂 máo zhǔ xí jǐ niàn táng マオチュウシィジィニェンタン
人民英雄記念碑／人民英雄纪念碑 rén mín yīng xióng jǐ niàn bēiレンミンインシオンジィニェンベイ
国家大劇院／国家大剧院 guó jiā dà jù yuànグゥオジャアダァジュウユェン
労働人民文化宮(太廟)／劳动人民文化宫 láo dòng rén mín wén huà gōngラオドンレンミンウェンファゴン
中山公園(社稷壇)／中山公园 zhōng shān gōng yuánチョンシャンゴンユェン

★☆☆
中国国家博物館／中国国家博物馆 zhōng guó guó jiā bó wù guǎnチョングゥオグゥオジャアボォウゥガン
人民大会堂／人民大会堂 rén mín dà huì tángレンミンダァフゥイタン
長安街／长安街 cháng ān jiēチャアンアァンジエ

巨大な毛沢東の画像が見える

天安門広場は中華人民共和国の象徴

人民英雄記念碑、近くで国旗掲揚式が行なわれる

毛沢東が眠る紀念堂、天安門広場の中心にある

人民英雄記念碑／人民英雄纪念碑 ★★☆
rén mín yīng xióng jì niàn bēi
じんみんえいゆうきねんひ／レンミンインシオンジィニェンベイ

　天安門広場に立つ高さ38mの人民英雄記念碑。アヘン戦争から辛亥革命、五四運動などをへて中華人民共和国が建国されるまでに犠牲になった人々に捧げられたもので、毛沢東による「人民英雄永垂不朽」の文字が刻まれている。花崗岩と閑白玉を素材とする。

中国国家博物館／中国国家博物馆 ★☆☆
zhōng guó guó jiā bó wù guǎn
ちゅうごくこっかはくぶつかん／チョングゥオグゥオジァアボォウゥガン

　天安門広場東側に立ち、前面に11本の巨大な柱をもつ中国国家博物館。古代の夏殷周から春秋戦国時代、秦漢以後の王朝時代へいたる歴史のなかで育まれてきた印章や銅器、書など豊富な内容を収蔵している。またアヘン戦争から五四運動、中国共産党による建国までの展示も見られる。

人民大会堂／人民大会堂 ★☆☆
rén mín dà huì táng
じんみんだいかいどう／レンミンダァフゥイタン

　中国の国会にあたる全国人民代表大会が開催される人民大会堂。国家博物館とともに建国10周年の1959年に建てられた。北京の労働者の協力で工事は完成したという。

長安街／长安街 ★☆☆
cháng ān jiē
ちょうあんがい／チャァンアァンジエ

　天安門広場と、故宮門前の天安門のあいだを東西に走る長安街。幅は100m超の大通りで、「百里長街」と呼ばれ、北京の東西の軸線となっている。清朝時代の長安街は紫禁城の一部にあたり、天安門左右の長安左門と右門から、それぞれ

東長安街(東単まで)と西長安街(西単まで)が伸びていた。20世紀初頭の中華民国時代に城門や城壁を撤去して新たに1本の道として整備され、1949年の新中国の設立後に、空軍の滑走路としても使える現在の規模になった。長安街は北京を象徴する通りでもあり、天安門広場、王府井、西単などが通り沿いに位置し、東は通州、西は石景山へといたる。

天安門／天安門★★★
tiān ān mén
てんあんもん／ティエンアンメン

　巨大な毛沢東の肖像画が掲げられた天安門。1949年、毛沢東がこの門上から中華人民共和国の成立を宣言したことで知られる。「(天命を受けた皇帝が)天下を安んずる門」を意味し、紫禁城で決められた詔が民に伝えられるなど、歴史的に皇帝と中国の民衆を結ぶ象徴的な門となってきた。明代の1417年に建造され、清代の1651年に現在のかたちとなった。高さ12.3mの門上部に高さ33.7mの楼閣が立つ。

国家大劇院／国家大剧院★★☆
guó jiā dà jù yuàn
こっかだいげきいん／グゥオジャアダァジュウユェン

　中南海の南側、西長安街に面して立つ国家大劇院。卵を横においたような独特のたたずまいをしていて、景山からもその目立つ姿が視界に入る(ポール・アンドリューによる設計)。コンサートや演劇が行なわれる中国屈指の劇場として知られる。

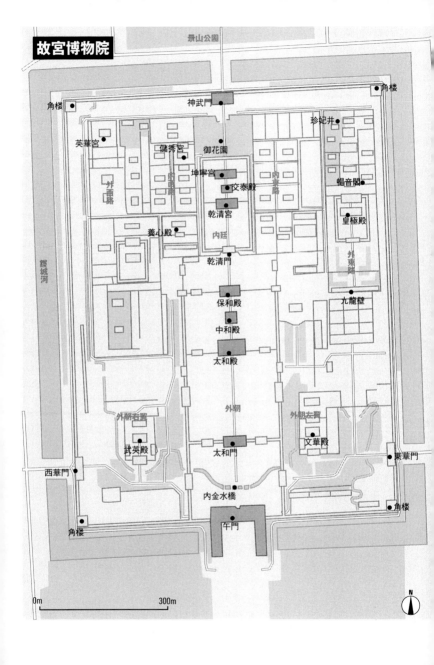

★★★
午門／午门 wǔ mén ウーメン
太和殿／太和殿 tài hé diàn タイハァディエン

★★☆
内金水橋／内金水桥 nèi jīn shuǐ qiáo ネイジンシュイチャオ
太和門／太和门 tài hé mén タイハァメン
中和殿／中和殿 zhōng hé diàn チョンハァディエン
保和殿／保和殿 bǎo hé diàn バオハァディエン
乾清宮／乾清宫 qián qīng gōng チャンチンゴン
交泰殿／交泰殿 jiāo tài diàn ジャオタイディエン
坤寧宮／坤宁宫 kūn níng gōng クンニンゴン
景山／景山 jǐng shān ジンシャン
九龍壁／九龙壁 jiǔ lóng bì ジウロンビィ
暢音閣／畅音阁 chàng yīn gé チャンインガァ

★☆☆
文華殿／文华殿 wén huá diàn ウェンフゥアディエン
武英殿／武英殿 wǔ yīng diàn ウーインディエン
乾清門／乾清门 qián qīng mén チャンチンメン
御花園／御花园 yù huā yuán ユゥファユエン
護城河／护城河 hù chéng hé フゥチェンハァ
皇極殿／皇极殿 huáng jí diàn フゥアンジィディエン
珍妃井／珍妃井 zhēn fēi jǐng チェンフェイジン
養心殿／养心殿 yǎng xīn diàn ヤンシンディエン
儲秀宮／储秀宫 chǔ xiù gōng チュウシュウゴン

Wai Chao
外朝鑑賞案内

中国に君臨した絶対的な支配者、皇帝
故宮外朝は皇帝が臣下と接する場所で
文武百官が皇帝に向かって三跪九叩頭の礼を行なった

午門／午门★★★
wǔ mén
ごもん／ウーメン

　故宮の正門にあたる午門は38mの高さをもつことから世界最大の門建築だと言われる。中国の宮殿や家は南に向かってつくられ、「午(ご、うま)」が南の方角を意味することから午門と名づけられた(ちょうど鳳凰が翼を広げている姿に似ているため、五鳳楼とも呼ばれる)。台上の中央楼閣には皇帝の玉璽がおかれ、この門前で遠征への出陣式や凱旋式が行なわれた。1420年に完成したが、皇帝が通る中央の門は普段しまっていた。

内金水橋／内金水桥★★☆
nèi jīn shuǐ qiáo
ないきんすいきょう／ネイジンシュイチャオ

　午門を抜けると塼(レンガ)が敷き詰められ、そこを流れる金水河に5本の橋がかかる。これが内金水橋で、真ん中の橋は皇帝だけが通ることを許され、家臣たちはその両側の橋を渡った。金水河は故宮の平面プランのなかで、曲線を描く唯一のもので、火事のときの給水用に備えられた。

巨大な獅子が門を守護する、人とくらべるとその大きさがわかる

ここから先が故宮、午門

外朝三殿への入口にあたる太和門

暦を調べる日晷、胴の針が影をつくる

皇帝が坐した中国の中心、太和殿

外朝

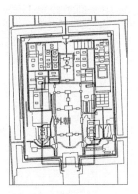

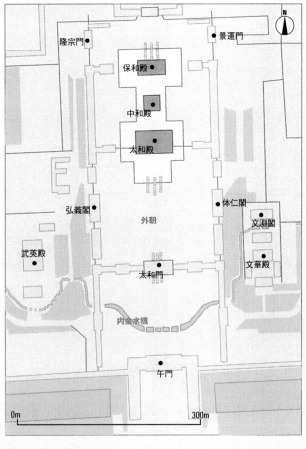

太和門／太和门★★☆
tài hé mén
たいわもん／タイハァメン

　皇帝が文武百官に謁見する外朝三殿の正門にあたる太和門。門前には故宮でもっとも大きな一対の獅子が見える。この門の高さは23.8mになり、龍の意匠が門内天井に描かれている。1420年に創建されたがいくども火災にあい、そのたびに再建されてきた。

太和殿／太和殿★★★
tài hé diàn
たいわでん／タイハァディエン

　皇帝の玉座がおかれた太和殿は故宮の正殿にあたり、故宮だけでなく、北京、さらには「世界の中心」と考えられていた。三段の基壇のうえに高さ37.44mという中国最大の木造建築が立ち、皇帝が坐した玉座には龍が巻きつき、その周囲には6本の金漆の柱、また72本の大木(楠)が屋根を支えている。宮殿内部の柱、梁、斗栱などは極彩色で彩られ、天井には龍の文様が見える。明の1420年に建てられたあと、何度か火災にあい、清の康熙帝年間(1653年)に現在の規模となった。皇帝の即位式、元旦や冬至などの儀式が行なわれ、太和殿前の広場で臣下が整列して皇帝をあおいだ。

★★★
太和殿／太和殿 tài hé diànタイハァディエン
午門／午门 wǔ ménウーメン

★★☆
内金水橋／内金水桥 nèi jīn shuǐ qiáoネイジンシュイチァオ
太和門／太和门 tài hé ménタイハァメン
中和殿／中和殿 zhōng hé diànチョンハァディエン
保和殿／保和殿 bǎo hé diànバオハァディエン

★☆☆
文華殿／文华殿 wén huá diànウェンフゥアディエン
文淵閣／文渊阁 wén yuān géウェンユェンガ
武英殿／武英殿 wǔ yīng diànウーインディエン

皇帝が司る暦、度量衡

　紀元前221年、はじめて中国全土を統一した始皇帝にはじまり、以後、2000年のあいだ中国に君臨した皇帝。中華世界における絶対権力者であり続け、天の運行を刻む暦、度量衡の統一と制定も皇帝の大事な役割となってきた。太和殿前の銅製の鶴と亀の近くには、太陽の運行を測る日時計「日晷」、標準の度量衡を意味する容器「嘉量」が配置されている。

太和殿に見える神獣

　太和殿の基壇には、幸福と繁栄を象徴する「鳳凰(また皇后を意味する)」、皇帝の長寿と世の安泰を意味する銅製の「神亀」「仙鶴」が見られる。また宮殿の屋根には魔除けの走獣がおかれ、最高格の太和殿には仙人を先頭に龍、鳳凰、獅子、海馬、天馬、押魚、狻猊、獬、斗牛、行什の10がならぶ(乾清宮が9、坤寧宮が7、東西12宮は5)。

中和殿／中和殿 ★★☆
zhōng hé diàn
ちゅうわでん／チョンハァディエン

　太和殿北側に立つ中和殿は一辺24.15mの正方形のこぢんまりとした建物となっている(外朝三大殿のひとつ)。壁面に透かし彫り文様が見られ、なかには皇帝の玉座がおかれている。内廷から出てきた皇帝が太和殿へおもむくにあたって、儀式の準備や休憩する場となっていた。

保和殿／保和殿 ★★☆
bǎo hé diàn
ほわでん／バオハァディエン

　外朝の最奥部に位置する保和殿。間口50m、奥行き25m

の規模を誇り、清代、皇帝が親王やモンゴルのハン、朝鮮の王などと新年の宴を催し、皇族女性が嫁ぐ降嫁の儀式が行なわれた。宮殿北側の雲竜石彫には、皇帝を意味する9頭の龍、瑞雲、寿山福海などが彫られ、その重さは200t以上だという。皇帝の乗る輿が中央を通り、臣下は両脇の階段を歩いた。

太和殿と保和殿のあいだに立つ中和殿

Liang Yi
外朝両翼鑑賞案内

南面する皇帝から見て左右に位置する両翼
文（文華殿）が武（武英殿）より上位の東側にあり
中国の伝統的な価値観をもとに配置されている

文華殿／文华殿 ★☆☆
wén huá diàn
ぶんかでん／ウェンフゥアディエン

　文華殿は儒教的な教養を身につけた官吏が勤務した宮殿。明代には皇太子が学問にはげんだ場所で、清代には史書が編纂される場所だった。四書五経(中国の古典)を題材にし、皇帝の前で議論がされる御経筵もここで行なわれた。

文淵閣／文渊阁 ★☆☆
wén yuān gé
ぶんえんかく／ウェンユェンガ

　乾隆帝の命で1741年から40年かけて編纂された四庫全書(3万6000冊あまり)が安置されていた文淵閣。四庫全書は正本のおかれたこの文淵閣、文源閣(円明園)、文津閣(熱河)、文溯閣(奉天)の4ヵ所にあった。1933年、華北へ進出する日本軍から逃れるために運びだされ、国民党の手によって台湾に渡った(台北の故宮博物院にある)。現在の建物は火災による消失を受けたのち、1774年に再建された。

この奥に武英殿がある、両翼の片側をになう

皇帝の玉座、清代にはここで殿試(科挙)も行なわれた

文華殿の北側にある珍宝館、儒教では音楽が重視された

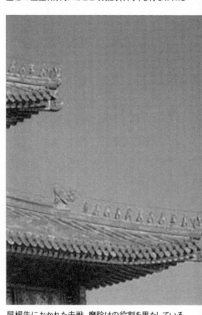

屋根先におかれた走獣、魔除けの役割を果たしている

武英殿／武英殿 ★☆☆

wǔ yīng diàn

ぶえいでん／ウーインディエン

　文華殿と対置するように故宮の西側に立つ武英殿。明代に皇帝が斎居(身を清める)を行なったり、大臣への召見をした場所で、清代の1680年以後は書物を編纂する場となった。また明から清へ王朝が交代するとき、紫禁城のほとんどが焼けてしまっていたが、武英殿は中心の太和殿や乾清宮から外れていたため、火災からまぬがれていた。そのため明朝を滅ぼした反乱軍の李自成、それを討った清朝のドルゴンがこの武英殿で1644年、「自らが中国の新たな支配者である」と宣言した場所でもあった。

Nei Ting
内廷三宮鑑賞案内

外朝三殿と対になるようにならぶ内廷三宮
内廷は皇帝が日常政務をとり
皇后、女官が暮らした私的な空間だった

乾清門／乾清門 ★☆☆
qián qīng mén
けんせいもん／チャンチンメン

　内廷への入口となる乾清門は外朝と内廷との境界の役割を果たし、官吏はここから先には入ることができなかった(また後宮や宦官は外へは出られなかった)。明代の1420年に創建され、清代の1655年に再建されている。乾清門左右の照壁には、黄色と緑の瑠璃文様をはめこんだ色鮮やかな装飾が見られ、瑠璃照壁と呼ばれている。

後宮、女たちの世界

　「乾清門より北側(後ろ)」の内廷は後宮と呼ばれ、皇后を中心とする妃や女官が暮らし、皇帝と皇子、宦官をのぞいて男子禁制の世界が広がっていた。清代、満州族の名門の家柄出身の選りぬかれた女性が暮らしていたが、そのほとんどは皇帝にまみえることがなかったと言われる(唐代の詩人白居易は「後宮佳麗三千人」と詠んでいて、唐の玄宗は3000人の後宮を抱えていたという)。この閉ざされた世界では、妻と妾が一緒になって暮らし、嫉妬や陰謀が繰り広げられた。

外朝の中和殿に対比される交泰殿

中国と満州双方の文化が融合した坤寧宮

内廷三宮

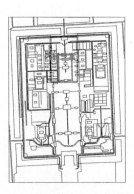

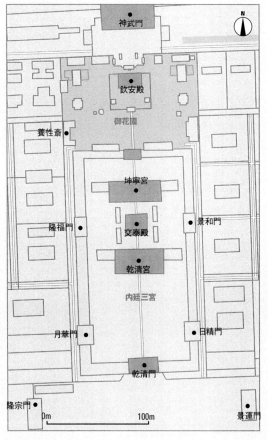

乾清宮／乾清宫★★☆
qián qīng gōng
けんせいきゅう／チャンチンゴン

　外朝の太和殿と対置するように立つ乾清宮。明代から清の第4代康熙帝までは皇帝の正宮(起居する寝宮)がおかれ、やがてここで皇帝の日常の政務がとられるようになった。紫禁城が完成した1420年に創建され、いくどとなく火災による焼失と再建を繰り返し、1798年から現在の姿となっている。この宮殿には清の第3代順治帝の記した「正大光明」の額が見える。

太子密建とは

　満州族(清朝)のあいだでは皇位継承をめぐる戦いがたえず、皇帝の即位後も暗殺を恐れて兄弟を粛清するといったことが横行していた。第5代雍正帝は、こうしたことをさけるため、乾清宮の「正大光明」の額の裏に「次の皇位継承者を記した紙」をおき、もうひとつは皇帝の手元におくことで、公表することなく、生前に次の皇帝を決めることにした(太子密建)。第4代康熙帝には多くの子どもがいて、第5代雍正帝の即位も陰謀によるものではないかと疑われた経緯があり、兄弟間の争いをさけ、皇太子への賄賂など腐敗をとりしまる防止策にもなった。

★★☆
乾清宮／乾清宫 qián qīng gōng チャンチンゴン
交泰殿／交泰殿 jiāo tài diàn ジャオタイディエン
坤寧宮／坤宁宫 kūn níng gōng クンニンゴン

★☆☆
乾清門／乾清门 qián qīng mén チャンチンメン
御花園／御花园 yù huā yuán ユゥファユェン
欽安殿／钦安殿 qīn ān diàn チンアンディエン
養性斎／养性斋 yǎng xìng zhāi ヤンシンチャイ
神武門／神武门 shén wǔ mén シェンウーメン

交泰殿／交泰殿★★☆
jiāo tài diàn
こうたいでん／ジャオタイディエン

　小さな礼堂のようなたたずまいをしている交泰殿。外朝に出ない内廷での儀式が行なわれた場所で、元旦、冬至、千秋(皇后の誕生日)といった三大節に皇后はここで祝賀を受けた。乾隆帝の時代におかれた銅壺滴漏が知られ、水を下に落とすことで時間をはかる水時計となっている。1420年に建てられ、1797年の再建で現在の姿となった。

坤寧宮／坤宁宫★★☆
kūn níng gōng
こんねいきゅう／クンニンゴン

　内廷三宮の最奥に位置する坤寧宮は、明代には皇后の正宮がおかれ、清代になると満州族の祭祀が行なわれていた(満州族のあいだでは正殿に神をまつる風習があり、清代、皇后の生活の場所は養心殿へ移された)。間口九間からなる十三寄棟づくりの特徴あるつくりをしていて、直角吊り窓には菱形の装飾がほどこされている。完全な左右対称の故宮にあって、この建物だけが東に偏ったものとなっている。明代の1420年に創建されたのち、清代に何度か再建されている。

皇帝の結婚式

　坤寧宮東二間にあたる東暖閣は、康熙帝、同治帝、光緒帝など清朝の皇帝が成婚の儀をとりおこなった場所として知られる。美しい真紅の壁面に「喜喜」の文字が見え、結婚した皇帝は三日三晩にわたってここで過ごし、その後、別の宮殿へ移った。ラスト・エンペラーこと愛新覚羅溥儀の成婚の儀も1911年に坤寧宮で行なわれ、皇后が輿入れに使った輿もおかれている。

ここから先が内廷、一般男子は立ち入れなかった

乾清門、奥には宦官、女官たちの世界があった

この額に次なる皇帝の名前を記した紙をおいた、乾清宮

内廷にも見応えある建物が多い

御花園／御花园 ★☆☆
yù huā yuán
ぎょかえん／ユゥファユエン

　神武門の近く、故宮北端に位置する御花園。牡丹、梅、海棠、菊や芍薬など中国各地から集められた樹木や、江南の太湖石など各地の名石、奇石がおかれ、美しい景観を見せている。繰り返し火災をこうむった故宮にあって、このあたりは明代に建造された紫禁城当初の姿を伝えていると言われる。天一門、欽安殿を軸に左右対称に千秋亭と万春亭が立つほか、園の東北部には人工的につくられた堆秀山がそびえる（9月9日の重陽節には、皇帝や后妃たちがこの山に上り、頂上の御景亭で菊酒を飲んで祝ったという）。

欽安殿／钦安殿 ★☆☆
qīn ān diàn
きんあんでん／チンアンディエン

　御花園の正殿にあたる欽安殿。火を鎮める玄天上帝がまつられ、女官や宦官の信仰を集めていた。明代の1420年に建てられ、嘉靖帝時代の1535年に改築されたもので、故宮のなかでもっとも古い姿をとどめているという。

養性斎／养性斋 ★☆☆
yǎng xìng zhāi
ようせいさい／ヤンシンチャイ

　内廷のなかでは唯一バルコニーをもった2階建ての養性斎。ここで清朝皇帝が読書にいそしんだほか、ラスト・エンペラー愛新覚羅溥儀の家庭教師をつとめたジョンストンの住居となり、その書斎がおかれていた。

江南はじめ中国各地からとりよせられた名石がおかれている

神武門／神武门 ★☆☆
shén wǔ mén
じんぶもん／シェンウーメン

　故宮北側の門である神武門。三層からなる楼閣をもち、南側の午門とともに天と地をつなぐ場所となっていた。清の時代には、ここで官吏が朝は太鼓、夕方は鐘を鳴らして時刻を知らせていたという。また門の外側には20世紀中国の学者、作家郭沫若による書「故宮博物院」という扁額がかかっている。

護城河／护城河 ★☆☆
hù chéng hé
ごじょうがわ／フウチェンハァ

　故宮の四方を外堀のようにとりまく全長3800mの護城河（筒子河とも呼ばれる）。その幅は52mで、故宮を流れる金水河はこの河にそそぐ。城壁の四隅には高さ28mの角楼がそびえ、三層の楼閣がそのたたずまいを見せている。

景山／景山 ★★☆
jǐng shān
けいざん／ジンシャン

　故宮を守るようにその北側に立つ景山。明代に紫禁城が造営されたとき、護城河を掘った土や元代の宮殿を壊した残土で人工的につくられた（中国の風水では、北側に山があって天子が南面する土地がよいとされる）。「万民景仰の山」という意味から清朝順治帝の時代に改名されて今にいたる。5つの頂きの中央に立つ万春亭は標高92mにあり、ここから故宮の波打つような甍をのぞむことができる（標高45mの故宮との差は45m）。明最後の皇帝である崇禎帝が自殺した場所としても知られ、また北側の寿皇殿には清朝歴代皇帝の肖像画が飾られている。

皇帝やその妃が重陽節にのぼった堆秀山

緑と黄色の瑠璃瓦、故宮内廷にて

故宮の四隅に立つ角楼、景山からその姿を見る

『紫禁城の黄昏』の著者ジョンストンが暮らした養性斎

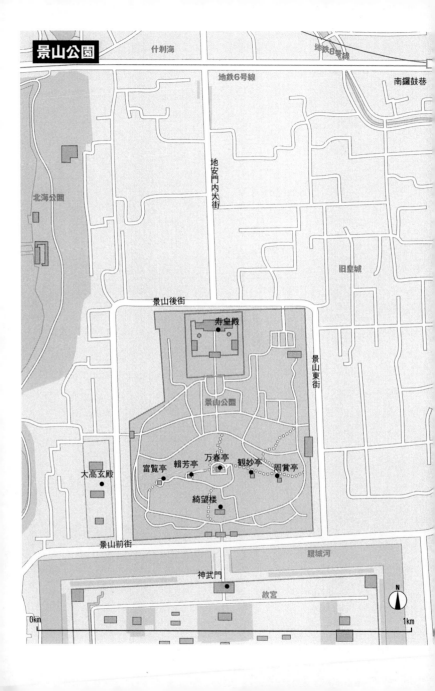

明、崇禎帝の最期

　干ばつや戦乱、飢饉が続いた明末期の1628年に即位した第17代崇禎帝。農民反乱が相次ぎ、1644年、陝西省北部から起こった李自成ひきいる農民反乱軍が北京にせまろうとしていた。火の手のあがる北京の街を見た崇禎帝はその最後を悟り、皇后と16歳の皇女の死を見届けたあと、景山にのぼり自ら自殺した（李自成はいっとき紫禁城の主人となったが、やがて清朝が李自成に代わって北京に入城した）。景山には「明崇禎自縊処」の碑が残っている。

★★☆
景山／景山 jǐng shān ジンシャン
★☆☆
神武門／神武门 shén wǔ mén シェンウーメン
護城河／护城河 hù chéng hé フウチェンハァ

ここから故宮をのぞむことができる、景山

Kokyu Kara Miru
故宮から見る中国

選ばれた者だけが入城を許された紫禁城
過酷な試験、科挙を合格した官吏
また宦官や女官が彩る世界がここにあった

皇帝を中心とする中央集権体制

　中国では始皇帝の時代から、皇帝を中心とする中央集権体制が整備され、中央から地方へ派遣された官吏が政務にあたっていた（周代は天子の一族や臣下が封建され、それぞれ各地で勢力をにぎった）。それらの官吏は、科挙と呼ばれる難関の試験を合格したエリートで、儒教的教養を身につけ儀礼に精通していた。人材登用のための科挙という試験制度は隋代に確立され、以後、清代まで1300年にわたって続くことになった。それには皇帝が広大な国土をおさめる中央集権体制との関係が指摘され、国家を維持するために優秀な人材を中国全土から集める必要があったのだという。

過酷な試験、科挙

　中国では科挙に合格し、官吏の役職を手にすると成功が約束されたことから、一族をあげて試験にのぞみ、また賄賂や替え玉による受験、下着いっぱいに経典を書き込むといったことも行なわれていた。40万字以上と言われる四書五経（儒教の経典）の内容を暗記し、それ以上の注釈を読みこみ、試験官の問いに答える。郷試（地方の試験）に受かった挙人は、北京（首都）に集まって会試を受け、それに受かった者が

排水口となっていた龍の彫像、雨を吹き出すように排出する

北海公園の白塔が見える

殿試にのぞむことができた。こうして中国全土から選ばれた官吏が、紫禁城へ出仕することを許され、紫禁城の太和殿の前（東に文官、西に武官）で三跪九叩頭の礼を繰り返し、皇帝に拝謁するという光景があった。

宦官・女官・外戚

紫禁城内廷では、皇帝とその一族以外の男子は入ることが許されず、皇后、宦官、女官が暮らす後宮の世界があった。とくに男性器を去勢することで皇帝に仕える宦官は、中国史を考えるうえでかかせない存在だと言われる。宦官になれば科挙を受けることなく宮廷に入り、皇帝の近くで政治に影響力をもつことができた。また「漢、唐、明といった王朝は宦官によって滅んだ」と言われるなど、ときには国を動かすほどの権力をにぎることもあった（秦を短命に終わらせた趙高、『史記』を執筆した司馬遷、紙の発明者蔡倫などが代表的な宦官として知られる）。中国では、この宦官のほかにも則天武后や西太后のように皇帝に代わって権力を握った女性がいるほか、皇帝の妃や母の一族にあたる外戚が権力を手にすることもあった。

Nei Dong Lu
内東路鑑賞案内

内廷三宮の東に位置する内東路
皇帝の祖先を祀る奉先殿、斎宮
また清朝の皇后が暮らした東六宮が残る

奉先殿／奉先殿 ★☆☆
fèng xiān diàn
ほうせんでん／フェンシャンディエン

　内廷において祖先を祀る場所であった奉先殿。清代の1657年に再建されて現在の姿となり、前後殿ともに七間をもつ。

毓慶宮／毓庆宫 ★☆☆
yù qìng gōng
いくけいきゅう／ユゥチンゴン

　清朝の皇太子の正宮がおかれていた毓慶宮。皇太子時代の嘉慶帝、光緒帝、宣統帝(溥儀)などがここで勉学にはげんでいた。皇族にとっての勉学は儒教の古典を憶えることが中心だったが、ラスト・エンペラー宣統帝が14歳のとき、近代化への必要から英訳された『四書』と『ふしぎの国のアリス』が追加されたという。

斎宮／斋宫 ★☆☆
zhāi gōng
さいぐう／チャイゴン

　故宮内で行なわれる祭祀にあたって、皇帝が心身を落ち着かせる場だった斎宮。清の雍正帝の時代(1731年)に現在の

内東路

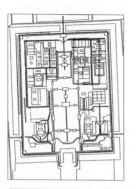

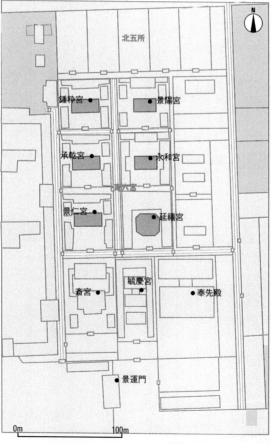

姿になった(天壇公園にも斎宮がある)。

東六宮／东六宫 ★☆☆
dōng liù gōng
とうろくきゅう／ドンリュウゴン

　中軸線の東側に6つの小宮殿がならぶ東六宮。皇帝の妃や女官たちが暮らし、西太后にならべられる東太后はここに暮らしていたことからその名前がつけられた(東西六宮では東のほうが格上だった)。第3代順治帝時代の1655年に建てられ、この東六宮で即位前の康熙帝や乾隆帝が書物に親しんでいたという。陶磁器や漆器や玉石器、金属器、象牙などの展示が見られる。

★☆☆
奉先殿／奉先殿 fèng xiān diàn フェンシャンディエン
毓慶宮／毓庆宫 yù qìng gōng ユウチンゴン
斎宮／斋宫 zhāi gōng チャイゴン
東六宮／东六宫 dōng liù gōng ドンリュウゴン

Wai Dong Lu
外東路鑑賞案内

外東路は「故宮のなかの故宮」にたとえられる
ここは清朝第6代乾隆帝の理想が体現された空間で
また溥儀は、両脇の紅墻を脇目に自転車で走ったという

九龍壁／九龙壁 ★★☆
jiǔ lóng bì
きゅうりゅうへき／ジウロンビィ

　外東路(珍宝館)の入口付近、皇極門に対面するように広がる九龍壁。清朝でも最高の繁栄を見せた第6代乾隆帝の時代(1773年)につくられ、高さ6m、幅31mの巨大な壁に9頭の龍があざやかな彩色瑠璃磚(焼成煉瓦)で装飾されている。皇帝を象徴する龍、9という数字から縁起のよさで知られ、九龍壁は北京の故宮と北海公園、山西省の大同の3ヵ所にしか残っていない。

九龍壁の秘密

　乾隆帝の命を受けて、瑠璃磚焼き職人たちは九龍壁の造営にのぞんだ。49日をかけて彩色瓦を焼きあげ、最後の仕上げにとりかかろうとしたところ、職人のひとりが左から3番目の白龍の一部を破損してしまった。補修を試みたが傷跡は隠すことができず、時間はこくこくとせまっていた。職人集団の頭である馬徳春は二日二晩かけて楠板を彫り、それをはめこんで彩色磚の代わりとした。完成当日、乾隆帝は九龍壁の出来栄えに満足し、職人たちをほめたてたという(彩色磚の代わりの楠板は、中国全土の奇品珍

外東路への入口、珍宝館として開放されている

九匹の龍が描かれた九龍壁

外東路（珍宝館）

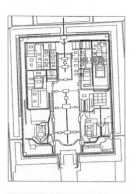

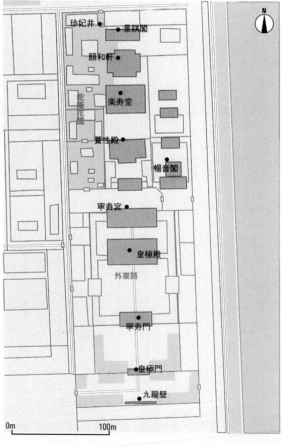

品を集めた慧眼の乾隆帝にも気づかれないほど精巧なものだった）。

皇極殿／皇极殿 ★☆☆
huáng jí diàn
こうぎょくでん／フゥアンジィディエン

　外東路の中心に立つ皇極殿。清朝第6代乾隆帝が晩年にここで宮廷の儀式を行ない、また西太后も晩年にこの皇極殿を正殿とした。「仁徳大隆」の扁額は西太后の手による。

寧寿宮／宁寿宫 ★☆☆
níng shòu gōng
ねいじゅきゅう／ニンショウゴン

　皇極殿の北側に位置する寧寿宮は、清朝第6代乾隆帝が退位して嘉慶帝に位をゆずったあとに居室としたところ。皇極殿とともに、宮廷の祭祀が催された。

★★☆
九龍壁／九龙壁 jiǔ lóng bìジウロンビィ
暢音閣／畅音阁 chàng yīn géチャンインガァ

★☆☆
皇極殿／皇极殿 huáng jí diànフゥアンジィディエン
寧寿宮／宁寿宫 níng shòu gōngニンショウゴン
養性殿／养性殿 yǎng xìng diànヤンシンディエン
楽寿堂／乐寿堂 lè shòu tángラァショウタン
乾隆花園／乾隆花园 qián lóng huā yuánチャンロンフゥアユゥエン
頤和軒／頤和轩 yí hé xuānイーハーシュワン
珍妃井／珍妃井 zhēn fēi jǐngチャンフェイジン

九龍壁に対峙する皇極門、ここから先が故宮内の理想空間

西太后が観劇を楽しんだ暢音閣

さまざまな宝物が見られる、写真は青玉「丹台春曉」玉山

暢音閣／畅音阁 ★★☆
chàng yīn gé
ちょうおんかく／チャンインガァ

　暢音閣は、京劇をはじめとする劇が行なわれた地上3階地下1階からなる舞台(高さ20.7m)。福台、禄台、寿台の三層からなり、各層で同時に役者が演じることができた。十数mの高さから役者がとびおりたり、宙かえりして1階から3階へ役者がとびあがるというような劇的な演出もなされたという。芝居好きで知られる西太后の50歳の誕生日には、9日間にわたってこの暢音閣で毎日7時間もの劇が演じられた。頤和園の怡春堂、円明園の同楽園、承徳の清音閣とならび称される妓楼で、暢音閣と向きあうように客席閲是楼が立つ。

養性殿／养性殿 ★☆☆
yǎng xìng diàn
ようせいでん／ヤンシンディエン

　養性殿は清朝第6代乾隆帝が太上皇となったときの書斎で、寝室も兼ねていた(養心殿を模してつくられた)。楽寿堂まで回廊がのび、書家の手による石刻などがおかれている。

楽寿堂／乐寿堂 ★☆☆
lè shòu táng
がくじゅどう／ラァショウタン

　乾隆帝時代につくられた世界最大の玉「大禹治水図玉山」が安置された楽寿堂(禹は治水を行なった古代中国の伝説の王)。高さ2.2m、重さ5.3tの玉は北京で設計され、揚州で制作したものを運んだのだという。玉は古代より、仁義智勇潔の五徳の象徴と見なされてきた。

乾隆花園／乾隆花园 ★☆☆
qián lóng huā yuán
けんりゅうかえん／チャンロンフゥアユゥエン

　乾隆帝が好んだ江南の景色が再現された乾隆花園。東西37m、南北160mの細長い敷地を4つのエリアにわけ、土地に高低差をもうけ、四季折々の植物を配置することで変化をつけている。乾隆帝は江南の風土を愛で、いくども南巡したことで知られる。

頤和軒／颐和轩 ★☆☆
yí hé xuān
いわけん／イーハーシュワン

　後方の景祺閣とつらなる頤和軒。乾隆帝の書斎として使われ、東西の壁面には乾隆帝の著作が刻まれている。

珍妃井／珍妃井 ★☆☆
zhēn fēi jǐng
ちんひせい／チェンフェイジン

　景祺閣の一角に残る井戸、珍妃井。清朝第11代光緒帝に愛された珍妃が西太后の嫉妬をかい、ここに投げ込まれて殺された（珍妃は3歳のときに西太后に認められ、その後、内廷で光緒帝の寵愛を受けるようになった）。当時、義和団の乱が起こり、北京は八カ国連合軍によって占領され、西太后が北京の宮廷を西安に移すことを決めたときのことだった。珍妃の遺体をひきあげたのは日本軍だったという。

乾隆帝の書斎だった養性殿

義和団の乱のときに珍妃は井戸に投げ込まれた

楽寿堂、ここでも満州文字と漢字が併記されている

Nei Xi Lu
内西路鑑賞案内

50歳を超えて頤和園に移る以前
西太后が起居の場とした西六宮
また清朝政治の中心であった養心殿が残る

養心殿／养心殿 ★☆☆
yǎng xīn diàn
ようしんでん／ヤンシンディエン

　乾清宮の西側に立つ養心殿は、清朝第5代雍正帝が執務室として以来、宮廷の中枢となった。皇帝が執務を行なう前殿と后妃の部屋がある後殿からなり、前殿の天井には龍の意匠が見える。養心殿中央には玉座が設けられ、その東西にはオンドルを備えた暖閣も残っている。養心殿西暖閣の奥に続く三希堂は、古今東西の逸品、文物を収集した清朝第6代乾隆帝の宝物がおかれていた。

垂簾聴政とは

　養心殿東暖閣には、御廉をへだてて前後にふたつの玉座が残っている。これは清朝末期に西太后が垂簾聴政を行なったもので、前に幼帝、簾を垂らした後ろに西太后が坐っていた。同治帝はわずか6歳で即位し、咸豊帝の妃であった東太后と同治帝の生母にあたる西太后が実質的に権力を手にした。東太后の死後、次々に幼帝を立てることで、西太后は半世紀にわたって権力を掌握していた。

内西路（外西路）

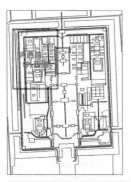

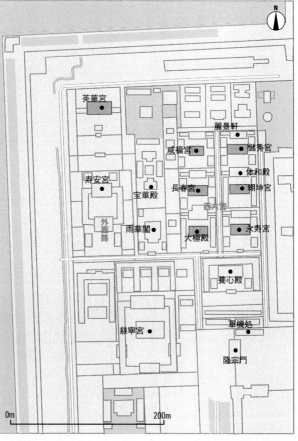

軍機処(内務府)／军机处 ★☆☆
jūn jī chù
ぐんきしょ(ないむふ)／ジュンジィチュウ

　養心殿の南側、内廷と外朝をちょうど結ぶ位置にある軍機処。養心殿を皇帝の執務の場とした雍正帝の時代にはじまり、それまで内閣が行なっていた政治の実権は皇帝にうつされ、軍機処に政治の最高機関がおかれた。皇帝の起居する養心殿に近いことから、命令系統の一本化、皇帝の迅速な判断ができるという利点があったという。また近くの内務府には皇帝直属の旗人が配置され、明代に横行した宦官の勢力を清代ではおさえることに成功した。

西六宮／西六宫 ★☆☆
xī liù gōng
せいろくきゅう／シイリュウゴン

　故宮内廷西側にならぶ西六宮。明の永楽帝の時代に創建され、いくどかの焼失、再建を繰り返し、清末の西太后の時代に重修されて今にいたる。ここでは妃や女官などが暮らしていた(一般的に皇后は格上の東六宮に、側室などが西六宮に暮らした)。

★☆☆
養心殿／养心殿 yǎng xīn diàn ヤンシンディエン
軍機処(内務府)／军机处 jūn jī chù ジュンジィチュウ
西六宮／西六宫 xī liù gōng シイリュウゴン
儲秀宮／储秀宫 chǔ xiù gōng チュウシュウゴン
長春宮／长春宫 cháng chūn gōng チャンチュンゴン
外西路／外西路 wài xī lù ワイシイルゥ

儲秀宮／儲秀宮 ★☆☆
chǔ xiù gōng
ちょしゅうきゅう／チュウシュウゴン

儲秀宮は明清代を通じて后妃の生活空間だったところで、とくに1884年から西太后が暮らすなど、後宮のなかでも格式の高い宮殿となっていた（西太后の子である同治帝はこの儲秀宮で生まれた）。また儲秀宮の後殿にあたる麗景軒は、1912年に清朝が滅んだあとも、優待条件で紫禁城に住むことを許された溥儀の居室がおかれていた。溥儀が使用していた眼鏡などが展示されている。

溥儀の眼鏡

中国のラスト・エンペラーとなった溥儀は幼いころから近眼で、家庭教師ジョンストンは溥儀を西洋医学の眼科医に診察させることにした（溥儀の臣下のあいだでは、外国人に皇帝の目を見せることや皇帝が眼鏡をかけるなどへの反対意見があった）。眼鏡をかけないと失明するおそれもあったが、眼鏡をかけたことで溥儀を悩ませていた頭痛がやみ、それ以来、溥儀のジョンストンへの信頼は厚いものとなった。

清朝滅亡後の溥儀、天津脱出まで

辛亥革命によって、1912年、清朝は滅亡したが、清朝と国民政府のあいだで優待条件がとり交わされた（年金の支給、紫禁城での暫定的居住許可）。以後、溥儀は内廷に13年間暮らし、ここでは皇帝の称号、官職もそのままに清朝の宮廷と変わらぬ状況が続いていた。こうしたなか1924年に軍閥の馮玉祥が北京に入り、優待条件をとり消して溥儀に立ち退きを命じた。あまりにそれが急であったため、養心殿の机のうえには食べかけの林檎が半分残されていたという。ひとまず溥儀は徳勝橋近くの醇親王府に入り、ついで天津の外国租界

西太后ゆかりの儲秀宮

(日本租界)へと逃れたが、やがて満州国の皇帝へと担ぎだされた。一方、紫禁城は故宮博物院として公開されることになった。

長春宮／長春宮★☆☆
cháng chūn gōng
ちょうしゅんきゅう／チャンチュンゴン

長春宮は、西太后が垂簾聴政を行なう拠点とした場所で、皇帝の宮殿の前に見られる一対の獅子像がここにも残っている。西太后の50歳を祝うため、前年の1883年に大幅に改造され、賜品や宴、劇など祝賀のための準備に要したお金は実に125万両にのぼったという(向かいの舞台で劇が演じられた)。

外西路／外西路★☆☆
wài xī lù
がいせいろ／ワイシイルゥ

故宮でもっとも西にあたる外西路。チベット仏教寺院の雨華閣、皇后の仏殿となっていた英華宮、外西路の中心に立つ慈寧宮が立つほか、最北隅には都城を守護する城隍廟が残っている。

中国語簡体字で書かれた看板

溥儀が暮らした麗景軒、儲秀宮の近くにある

ラスト・エンペラーの眼鏡も安置されている

黄色の瑠璃瓦と紅色の壁が故宮を彩る

圧巻の雲竜石彫、中央を皇帝の輿が通った

Tai Miao
太廟鑑賞案内

故宮前、東に位置する皇帝の先祖をまつった太廟
故宮と同じ黄色の琉璃瓦をもち
現在は労働人民文化宮という名前になっている

労働人民文化宮（太廟）／劳动人民文化宫★★☆
láo dòng rén mín wén huà gōng
ろうどうじんみんぶんかきゅう（たいびょう）／ラオドンレンミンウェンファゴン

　労働人民文化宮は明清時代には太廟と呼ばれ、皇帝の先祖の位牌が安置された聖域だった。皇帝の即位や大婚、節季などの節目には、ここで犠牲を捧げて先祖をまつり、また年末の大祭が行なわれた。社稷壇とともに明代に建立されたが、いくどとなく破壊をこうむったのち、清代の1649年に現在の姿になった。

宗族とは

　収穫を左右する農業神への崇拝とともに、中国では宗族と呼ばれる血縁集団の存在が大きい。李、趙といった姓をもつ父系出自の一族が、共通の始祖をもち、族譜と呼ばれる家系図が編纂される（どこに共同祖先をとるかで宗族は無限に広がっていく）。共通の祖先をもついくつもの家族が村に集まって暮らし、就職、結婚、教育、病気、災害などで相互扶助を行ない、先祖への祭祀は宗族を結びつけるものになってきた。この宗族は周代に確立されたと言われ、文化大革命などで否定されることもあったが、中国社会で根づよく息づいてきた。

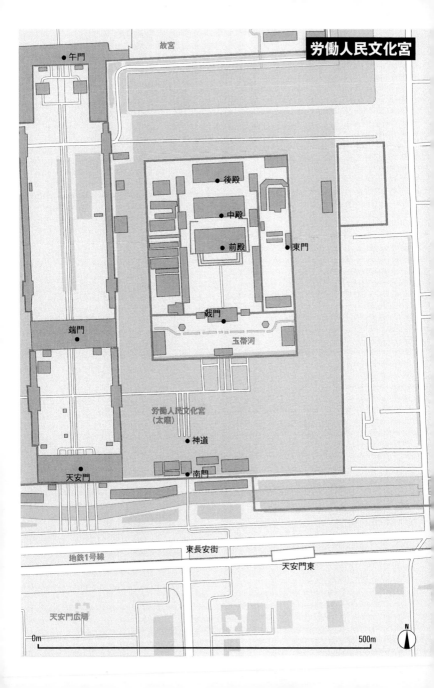

神道／神道 ★☆☆
shén dào
しんどう／シェンダオ

神道は太廟へと続く参道で、かつては皇帝が通る参拝路だった。ここの老柏樹は永楽帝が植えたと言われ、皇帝は太廟へ向かう前に輿から降りて、三拝する儀式を行なった。

前殿／前殿 ★☆☆
qián diàn
ぜんもん／チィエンディエン

前殿は間口70m、奥行き30mからなる巨大な木造建築で、高さ10mの大円柱34本が屋根を支えている（黄色の瑠璃瓦は皇帝を意味する）。中殿より位牌が移され、ここで祭祀が行なわれた。

中殿／中殿 ★☆☆
zhōng diàn
ちゅうでん／チョンディエン

間口64m、奥行き20mからなる中殿。寝殿とも呼ばれ、通常、この建物に皇帝の位牌が安置されていた。

★★★
天安門広場／天安门广场 tiān ān mén guǎng chǎng ティエンアンメングァンチャン
天安門／天安门 tiān ān mén ティエンアンメン
午門／午门 wǔ mén ウーメン

★★☆
労働人民文化宮（太廟）／劳动人民文化宫 láo dòng rén mín wén huà gōng ラオドンレンミンウェンファゴン

★☆☆
神道／神道 shén dào シェンダオ
前殿／前殿 qián diàn チィエンディエン
中殿／中殿 zhōng diàn チョンディエン
後殿／后殿 hòu diàn ホウディエン
長安街／长安街 cháng ān jiē チャァンアンジエ

後殿／后殿 ★☆☆
hòu diàn
こうでん／ホウディエン

　中殿の後ろ側に立つ後殿。清朝時代、ヌルハチ（北京に入城する以前の清朝の初代皇帝）以前の先祖がまつられていたところで、その墓は清朝の永陵にある。

中華人民共和国が成立してから太廟は労働人民文化宮となった

北京屈指の巨大な木造建築、前殿

黄色の瑠璃瓦は皇帝を意味する、皇帝の祖先がまつられていた

明の永楽帝が植えたという老柏樹、労働人民文化宮の神道にて

She Ji Tan
社稷壇鑑賞案内

社稷壇は五穀豊穣を祈ったところ
雨が降り、農産物が収穫されることは
農耕民族にとって何よりも重要だった

中山公園（社稷壇）／中山公园 ★★☆
zhōng shān gōng yuán
ちゅうざんこうえん（しゃしょくでん）／チョンシャンゴンユェン

　労働人民文化宮と対峙するように故宮の南西におかれた中山公園。ここは明清時代を通じて、皇帝が春と秋に壇をつくって豊作を祈った場所で、三層からなる白大理石の社稷壇は1420年に紫禁城を築いた永楽帝の時代につくられた。清朝崩壊後、廃墟となっていた円明園から蘭亭八柱、蘭亭碑などが移され、1914年以来、公園として市民に開放されている。1925年、孫文が死去すると、ここで2週間にわたって遺体が公開され、50万人もの人々が弔問に訪れた(1928年、中山公園と改名された)。またこの場所は、古く10世紀の遼代の城郭の東北隅にあたり、当時、興国寺という寺院があったとされる(当時の柏が今も残る)。

周、理想の治世

　中国では、礼制による統治が続いた古代周の時代が理想とされてきた。この周代の制度が記され、その後の中国の儀礼や都市のありかたが示されたのが『礼記』で、天子がすむ居城での祖先の祭礼を行なう太廟と穀物神をまつる社稷壇の配置にも言及されている。中山公園は長いあいだ社稷壇

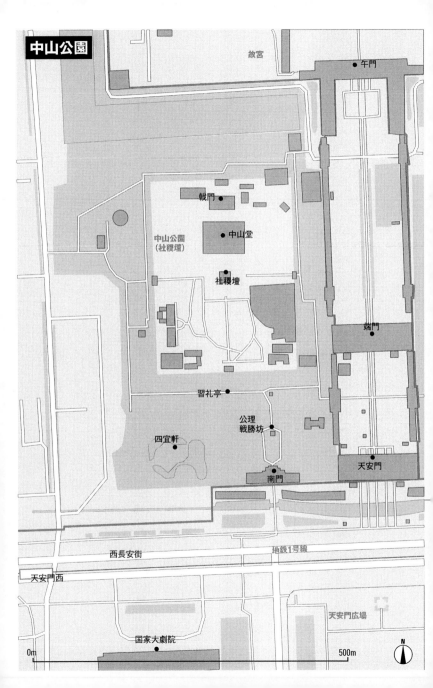

と呼ばれていたが、社稷とは「土地の神(社)」「きび、穀物の神(稷)」を意味し、農耕社会の中国の柱となってきた。

公理戦勝坊／公理战胜坊★☆☆
gōng lǐ zhàn shèng fáng
こうりせんしょうぼう／ゴンリィチャンシェンファン

「公理戦勝」の文字が見える牌楼。1900年に起きた義和団の乱で殺害されたドイツ公使ケットレルへの遺憾の意を示すため、東単にあった牌楼をこの場所へ移して今にいたる。

習礼亭／习礼亭★☆☆
xí lǐ tíng
しゅうれいてい／シィリィティン

習礼亭は名前の通り「礼を習う」ところで、地方からきた官吏や外国の使節が皇帝に謁見するにあたっての礼儀や作法を学ぶ場所だった(三跪九叩頭の礼などの作法があった)。

社稷壇／社稷坛★☆☆
shè jì tán
しゃしょくだん／シェエジィタン

社稷壇には5つの色で彩られた土がもられていて、中央が

★★★
天安門広場／天安门广场 tiān ān mén guǎng chǎng ティエンアンメンガンチャン
天安門／天安门 tiān ān mén ティエンアンメン
午門／午门 wǔ mén ウーメン

★★☆
中山公園(社稷壇)／中山公园 zhōng shān gōng yuán チョンシャンゴンユェン
国家大劇院／国家大剧院 guó jiā dà jù yuàn グゥオジァアダァジュウユェン

★☆☆
公理戦勝坊／公理战胜坊 gōng lǐ zhàn shèng fáng ゴンリィチャンシェンファン
習礼亭／习礼亭 xí lǐ tíng シィリィティン
社稷壇／社稷坛 shè jì tán シェエジィタン
中山堂／中山堂 zhōng shān táng チョンシャンタン

黄色、東が青、西が白、南が紅、北が黒となっている。これは中国古来の思想である五行説からとられたもので、中央の黄色は皇帝を意味している。また中国では自然界には「火水木金土」の5つの要素が存在すると考えられ、これらの要素が関わりあいながら、世界を構成するという五行説が信じられてきた(木から火が生じ、火は土をつくる、土は金をはらみ、金からは水が出る、水は木を育てる。また逆に水は火を消し、火は金を溶かす、金は木を刈り、木は土の養分を採る、土は水を吸収する)。

中山堂／中山堂 ★☆☆
zhōng shān tang
ちゅうざんどう／チョンシャンタン

　社稷壇の北側に位置する中山堂(拝殿)。明代に建てられたもので、雨だった場合は、ここから祭祀が行なわれた。義和団の乱で破壊の憂き目にあっているが、その後、再建された。1925年に孫文の棺を一時、安置したことから中山堂と呼ばれている。

辛亥革命を指導した孫文、社稷壇は中山公園と名を変えた

ここに孫文の遺体が安置されていた、中山公園

八角形のプランをもつ蘭亭八柱、緑色の屋根が印象的

強い存在感、たまご型の国家大劇院

The Last Emperor
最後の中国皇帝その生活

清朝最後の皇帝として3歳で即位した愛新覚羅溥儀
辛亥革命による清朝滅亡、満州国皇帝への即位と激動の人生を歩み
新中国建国後は庭師をつとめ、1967年にその生涯をとじた

皇帝の生活

　西太后の指名で即位することになったわずか3歳の溥儀(宣統帝)。太和殿の玉座に坐った皇帝の目前で、文武百官による三跪九叩頭の礼が続き、皇帝の即位が示された。紫禁城内のごくわずかな移動でも、金の屋根がついた黄色い輿が用意され、皇帝溥儀が乗る輿のあとを宦官たちが続いた。皇帝にお茶を入れる御茶房太監、薬をたずさえた御薬房太監、大小便器をもった太監など数十人の宦官が皇帝の生活を支えていた(皇帝が「呼(ジャオ)」と言うと担当の宦官がすぐに用意をした)。

皇帝の食卓

　清朝末期の西太后の食卓には、毎回、100品前後の料理がならんだと言われる(料理をならべるだけで6つのテーブルが必要だった、溥儀の食卓は大体30品前後だったという)。この皇帝の料理のために紫禁城の御膳房では「いつ呼ばれても料理が提供できるよう」に半日、1日前から料理が準備されていた。皇帝が「お膳を伝えろ」とそばの宦官に言うと、その宦官が門外に待機している宦官に「お膳を伝えろ」と続ける。こうして御膳房のある西長街まで次々に伝わっていき、その声が

終わらないうちに、数十名からなる食事をもった隊列が皇帝のいる宮殿へと向かった。また水には「天下第一の水」と乾隆帝に称された玉泉山のものが使われ、この水は紫禁城でのみ使うことが許されていた。

皇帝の衣服

皇帝の衣服については明文化された規定があり、四執事庫の宦官が皇帝の衣服を管理した。季節にあわせて28種類の普段着を着替え、またそれとは別に、即位式で着る龍をあしらった金色の龍袍(ロンパオ)などの儀式や祭祀用の衣装があった(瓦、かご、椅子のクッションなど皇帝のものはすべて黄色だったという)。衣服の着せかえは宦官が行なったため、第二次大戦後に収監されたとき、溥儀はボタンのかけかたや服のたたみかたにすら苦労したという。

溥儀と自転車

1912年の清朝滅亡後も、溥儀は紫禁城内廷に住むことを許可され、年金生活を送っていた。溥儀は内廷の外から出られず、当時、輸入されて間もない自転車を走らせることで気晴らしをした。御花園や外東路などが溥儀のサイクリング・コースとなり、各宮殿の敷居をのこぎりで切りとらせるほどだった。溥儀は自転車で儲秀宮の皇后(婉容)のもとを訪れて、そこにあるピアノに触ったり、カメラで彼女の写真を撮ったりしたという。

両脇を紅い壁が続く、溥儀が自転車で走ったという

太和殿で即位した溥儀、その後、激動の人生が待っていた

麗景軒の中庭、溥儀はここで起居した

龍・黄色・極数の九などが皇帝を象徴的に表した

参考文献

『故宮博物院』(小山富士夫/講談社)
『紫禁城』(入江曜子/岩波書店)
『紫禁城史話』(寺田隆信/中央公論社)
『わが半生「満州国」皇帝の自伝』(愛新覚羅溥儀/筑摩書房)
『北京の史蹟』(繭山康彦/平凡社)
『中国の歴史散歩1』(山口修/山川出版社)
『中国世界遺産の旅1』(石橋崇雄/講談社)
『中国歴史建築案内』(楼慶西/TOTO出版)
『世界大百科事典』(平凡社)
北京観光の公式サイト・北京旅行網 http://japan.visitbeijing.com.cn/
［PDF］北京空港案内 http://machigotopub.com/pdt/beijingairport.pdf
［PDF］北京地下鉄路線図 http://machigotopub.com/pdt/beijingmetro.pdf

まちごとパブリッシングの旅行ガイド
Machigoto INDIA , Machigoto ASIA , Machigoto CHINA

北インド-まちごとインド

- 001　はじめての北インド
- 002　はじめてのデリー
- 003　オールド・デリー
- 004　ニュー・デリー
- 005　南デリー
- 012　アーグラ
- 013　ファテープル・シークリー
- 014　バラナシ
- 015　サールナート
- 022　カージュラホ
- 032　アムリトサル

西インド-まちごとインド

- 001　はじめてのラジャスタン
- 002　ジャイプル
- 003　ジョードプル
- 004　ジャイサルメール
- 005　ウダイプル
- 006　アジメール(プシュカル)
- 007　ビカネール
- 008　シェカワティ
- 011　はじめてのマハラシュトラ
- 012　ムンバイ
- 013　プネー
- 014　アウランガバード
- 015　エローラ
- 016　アジャンタ
- 021　はじめてのグジャラート
- 022　アーメダバード
- 023　ヴァドダラー(チャンパネール)
- 024　ブジ(カッチ地方)

東インド-まちごとインド

- 002　コルカタ
- 012　ブッダガヤ

南インド-まちごとインド

- 001　はじめてのタミルナードゥ
- 002　チェンナイ
- 003　カーンチプラム
- 004　マハーバリプラム

005 タンジャヴール
006 クンバコナムとカーヴェリー・デルタ
007 ティルチラパッリ
008 マドゥライ
009 ラーメシュワラム
010 カニャークマリ
021 はじめてのケーララ
022 ティルヴァナンタプラム
023 バックウォーター（コッラム〜アラップーザ）
024 コーチ（コーチン）
025 トリシュール

ネパール-まちごとアジア

001 はじめてのカトマンズ
002 カトマンズ
003 スワヤンブナート
004 パタン
005 バクタプル
006 ポカラ
007 ルンビニ
008 チトワン国立公園

バングラデシュ-まちごとアジア

001 はじめてのバングラデシュ
002 ダッカ
003 バゲルハット（クルナ）
004 シュンドルボン
005 プティア
006 モハスタン（ボグラ）
007 パハルプール

パキスタン-まちごとアジア

002 フンザ
003 ギルギット（KKH）
004 ラホール
005 ハラッパ
006 ムルタン

イラン-まちごとアジア

001 はじめてのイラン
002 テヘラン
003 イスファハン
004 シーラーズ
005 ペルセポリス
006 パサルガダエ（ナグシェ・ロスタム）
007 ヤズド
008 チョガ・ザンビル（アフヴァーズ）
009 タブリーズ
010 アルダビール

北京-まちごとチャイナ

001 はじめての北京
002 故宮（天安門広場）
003 胡同と旧皇城
004 天壇と旧崇文区
005 瑠璃廠と旧宣武区
006 王府井と市街東部
007 北京動物園と市街西部
008 頤和園と西山
009 盧溝橋と周口店
010 万里の長城と明十三陵

天津-まちごとチャイナ

001　はじめての天津
002　天津市街
003　浜海新区と市街南部
004　薊県と清東陵

上海-まちごとチャイナ

001　はじめての上海
002　浦東新区
003　外灘と南京東路
004　淮海路と市街西部
005　虹口と市街北部
006　上海郊外（龍華・七宝・松江・嘉定）
007　水郷地帯（朱家角・周荘・同里・甪直）

河北省-まちごとチャイナ

001　はじめての河北省
002　石家荘
003　秦皇島
004　承徳
005　張家口
006　保定
007　邯鄲

江蘇省-まちごとチャイナ

001　はじめての江蘇省
002　はじめての蘇州
003　蘇州旧城
004　蘇州郊外と開発区
005　無錫
006　揚州
007　鎮江
008　はじめての南京
009　南京旧城
010　南京紫金山と下関
011　雨花台と南京郊外・開発区
012　徐州

浙江省-まちごとチャイナ

001　はじめての浙江省
002　はじめての杭州
003　西湖と山林杭州
004　杭州旧城と開発区
005　紹興
006　はじめての寧波
007　寧波旧城
008　寧波郊外と開発区
009　普陀山
010　天台山
011　温州

福建省-まちごとチャイナ

001　はじめての福建省
002　はじめての福州
003　福州旧城
004　福州郊外と開発区
005　武夷山
006　泉州

007 厦門
008 客家土楼

広東省-まちごとチャイナ

001 はじめての広東省
002 はじめての広州
003 広州古城
004 天河と広州郊外
005 深圳(深セン)
006 東莞
007 開平(江門)
008 韶関
009 はじめての潮汕
010 潮州
011 汕頭

遼寧省-まちごとチャイナ

001 はじめての遼寧省
002 はじめての大連
003 大連市街
004 旅順
005 金州新区
006 はじめての瀋陽
007 瀋陽故宮と旧市街
008 瀋陽駅と市街地
009 北陵と瀋陽郊外
010 撫順

重慶-まちごとチャイナ

001 はじめての重慶
002 重慶市街
003 三峡下り(重慶～宜昌)
004 大足
005 重慶郊外と開発区

四川省-まちごとチャイナ

001 はじめての四川省
002 はじめての成都
003 成都旧城
004 成都周縁部
005 青城山と都江堰
006 楽山
007 峨眉山
008 九寨溝

香港-まちごとチャイナ

001 はじめての香港
002 中環と香港島北岸
003 上環と香港島南岸
004 尖沙咀と九龍市街
005 九龍城と九龍郊外
006 新界
007 ランタオ島と島嶼部

マカオ-まちごとチャイナ

001　はじめてのマカオ
002　セナド広場とマカオ中心部
003　媽閣廟とマカオ半島南部
004　東望洋山とマカオ半島北部
005　新口岸とタイパ・コロアン

Juo-Mujin（電子書籍のみ）

Juo-Mujin香港縦横無尽
Juo-Mujin北京縦横無尽
Juo-Mujin上海縦横無尽
Juo-Mujin台北縦横無尽
見せよう! 上海で中国語
見せよう! 蘇州で中国語
見せよう! 杭州で中国語
見せよう! デリーでヒンディー語
見せよう! タージマハルでヒンディー語
見せよう! 砂漠のラジャスタンでヒンディー語

自力旅游中国Tabisuru CHINA

001　バスに揺られて「自力で長城」
002　バスに揺られて「自力で石家荘」
003　バスに揺られて「自力で承徳」
004　船に揺られて「自力で普陀山」
005　バスに揺られて「自力で天台山」
006　バスに揺られて「自力で秦皇島」
007　バスに揺られて「自力で張家口」
008　バスに揺られて「自力で邯鄲」
009　バスに揺られて「自力で保定」
010　バスに揺られて「自力で清東陵」
011　バスに揺られて「自力で潮州」
012　バスに揺られて「自力で汕頭」
013　バスに揺られて「自力で温州」
014　バスに揺られて「自力で福州」
015　メトロに揺られて「自力で深圳」

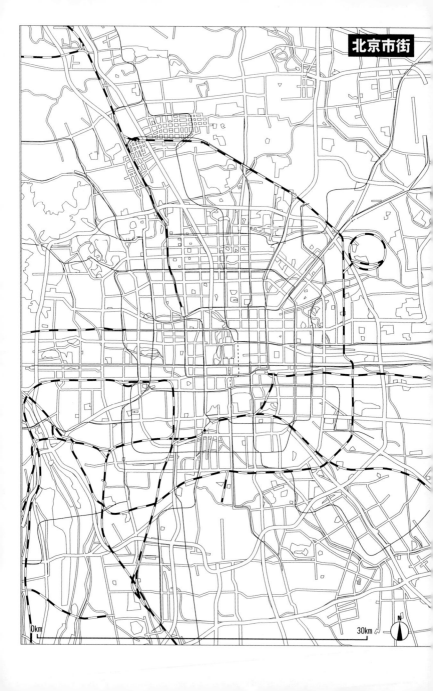

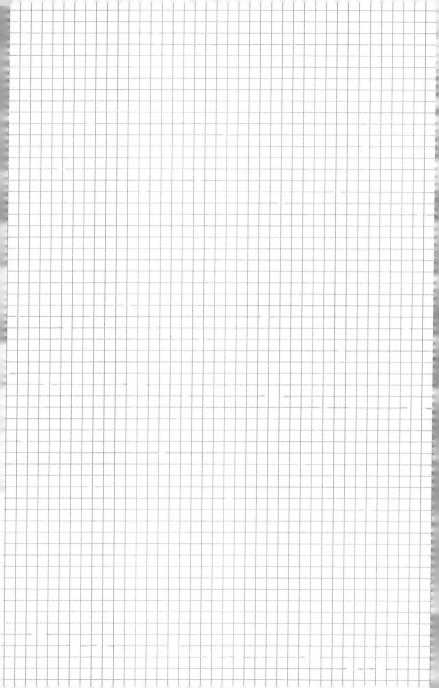

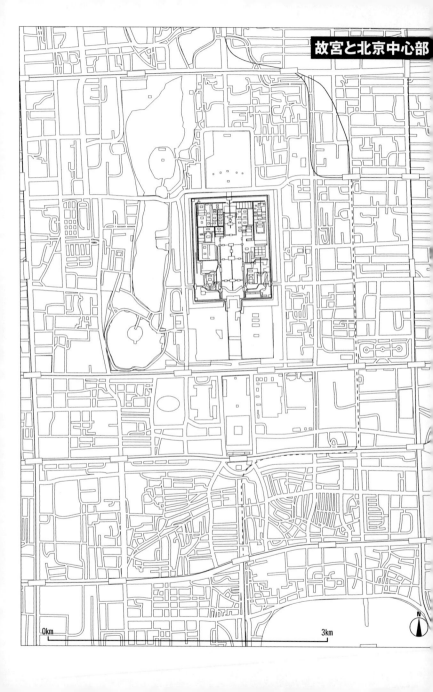

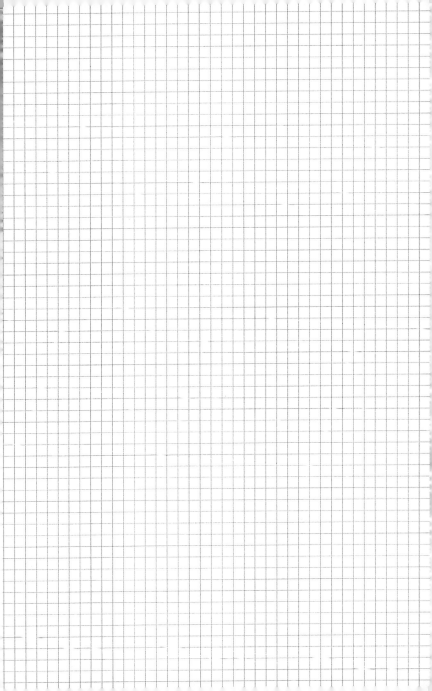

天安門広場

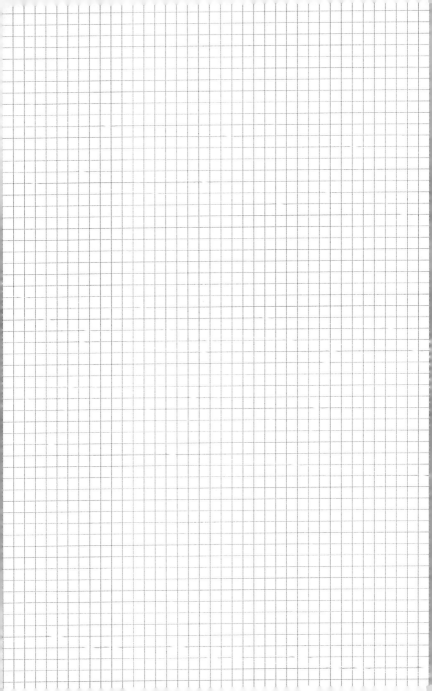

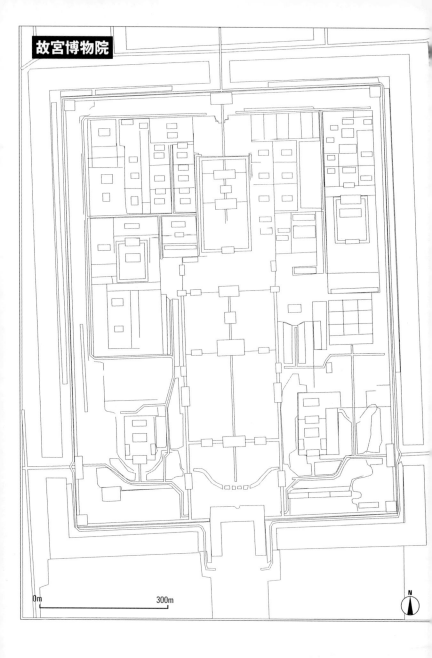

外朝

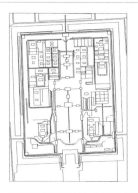

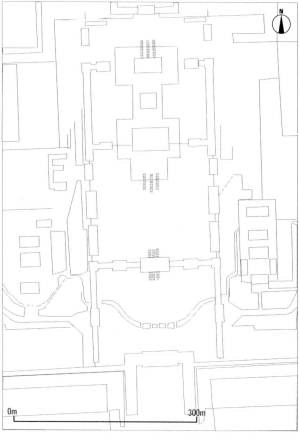

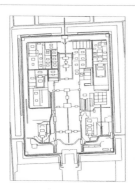

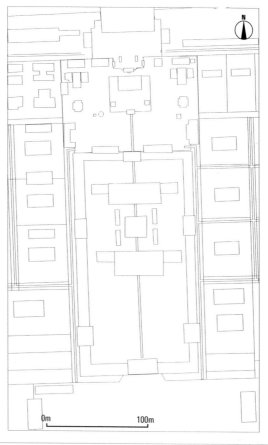

0m 100m

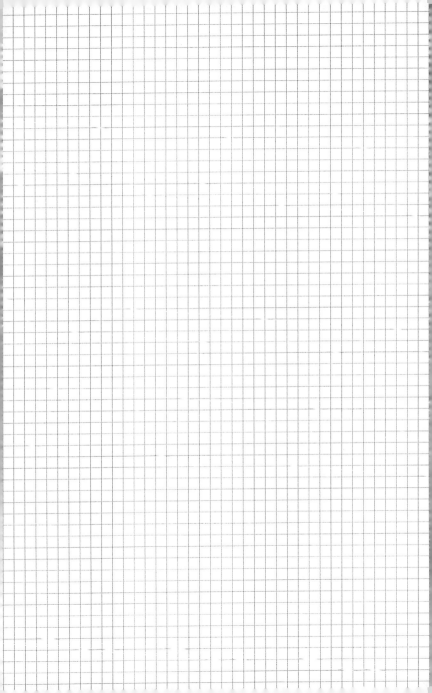

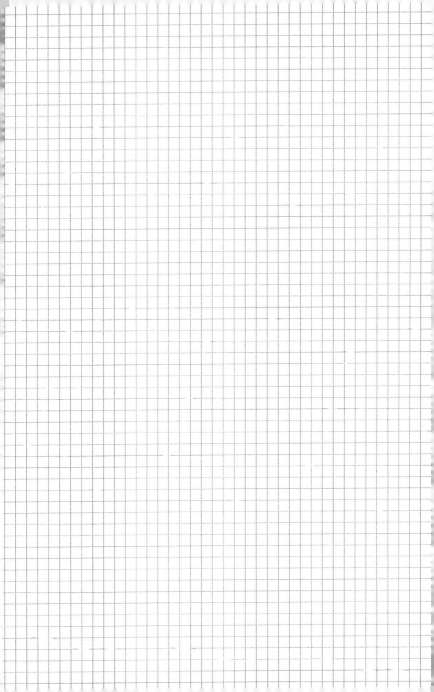

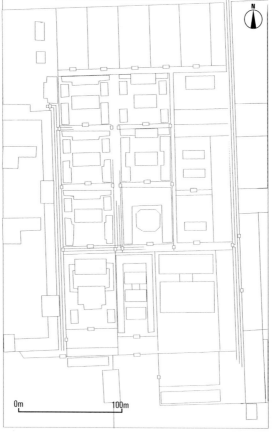

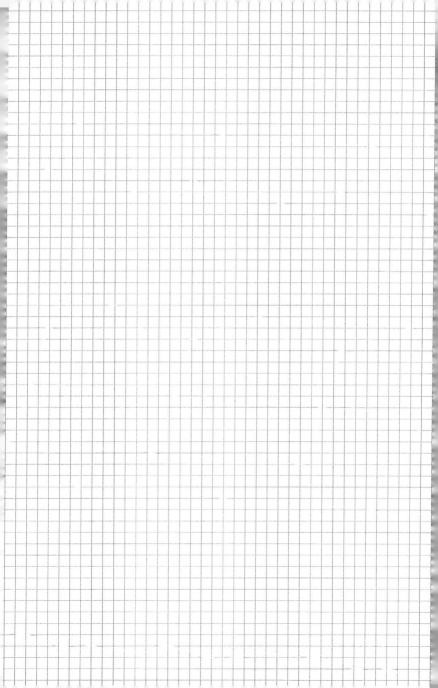

外東路（珍宝館）

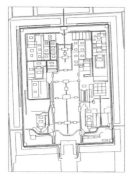

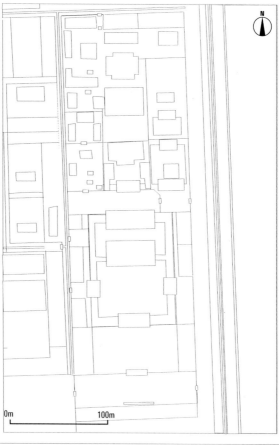

0m 100m

内西路（外西路）

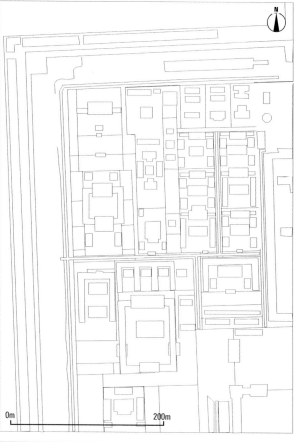

0m　　　200m

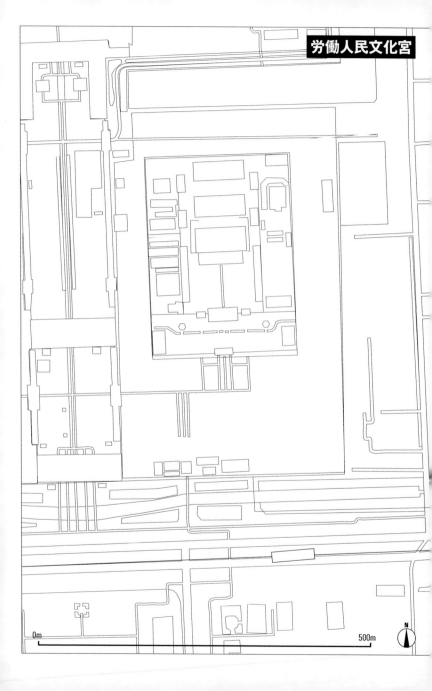

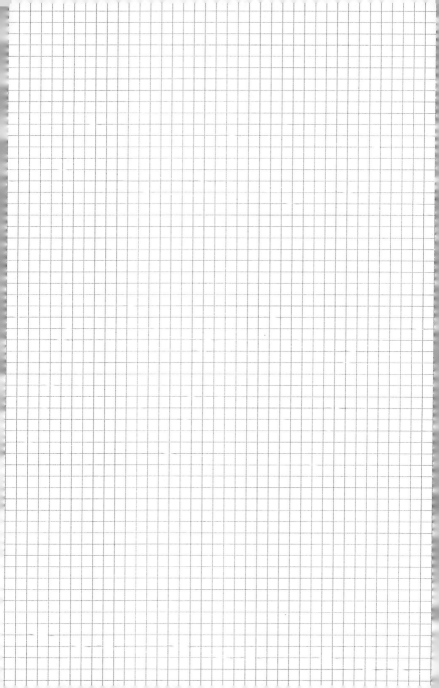

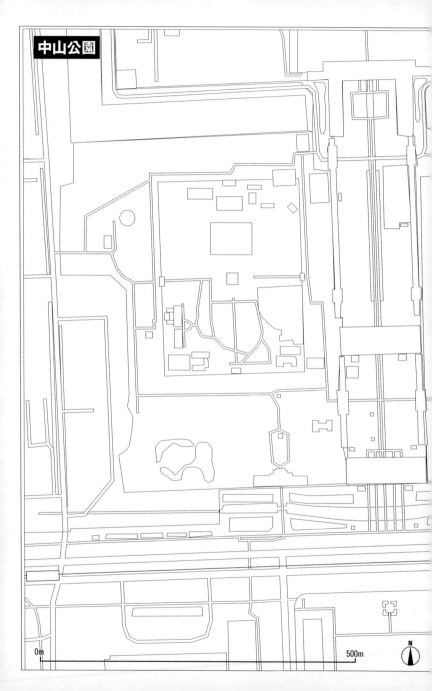

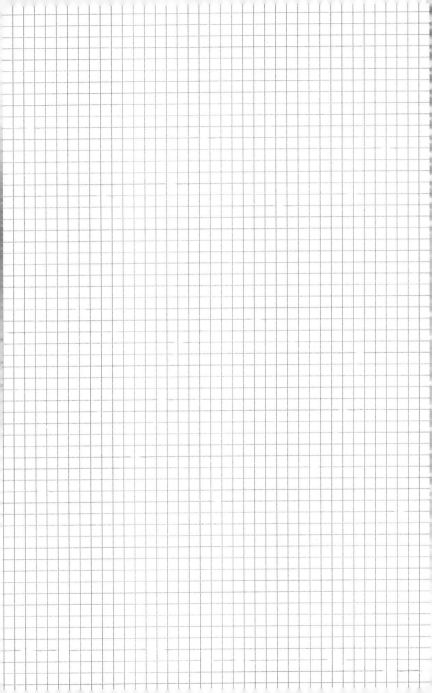

【車輪はつばさ】
南インドのアイラヴァテシュワラ寺院には
建築本体に車輪がついていて
寺院に乗った神さまが
人びとの想いを運ぶと言います

An amazing stone wheel of the Airavatesvara Temple
in the town of Darasuram, near Kumbakonam in the South India

まちごとチャイナ
北京 002

故宮（天安門広場）
中華4000年の「至宝」
［モノクロノートブック版］

「アジア城市（まち）案内」制作委員会
まちごとパブリッシング
http://machigotopub.com

- 本書はオンデマンド印刷で作成されています。
- 本書の内容に関するご意見、お問い合わせは、発行元の
  まちごとパブリッシング info@machigotopub.com までお願いします。

まちごとチャイナ
新版 北京002故宮（天安門広場）
～中華4000年の「至宝」

2019年 11月12日　発行

著　者	「アジア城市（まち）案内」制作委員会
発行者	赤松　耕次
発行所	まちごとパブリッシング株式会社
	〒181-0013　東京都三鷹市下連雀4-4-36
	URL http://www.machigotopub.com/
発売元	株式会社デジタルパブリッシングサービス
	〒162-0812　東京都新宿区西五軒町11-13
	清水ビル3F
印刷・製本	株式会社デジタルパブリッシングサービス
	URL http://www.d-pub.co.jp/

MP217

ISBN978-4-86143-365-8 C0326　　　　Printed in Japan
本書の無断複製複写（コピー）は、著作権法上での例外を除き、禁じられています。